Nicolas Debon

ESSAI

Essai, *le*; frz. *Versuch, Probe, Test*

CARLSEN COMICS NEWS
Jeden Monat neu per E-Mail!
www.carlsencomics.de
www.carlsen.de
Carlsen-Bücher gibt es überall im Buchhandel und auf carlsen.de.

CARLSEN COMICS
© Carlsen Verlag GmbH · Hamburg 2016
Aus dem Französischen von Tanja Krämling
L'ESSAI
Copyright © Dargaud 2015
Redaktion: Klaus Schikowski
Lettering: Minou Zaribaf
Herstellung: Bettina Oguamanam
Alle deutschen Rechte vorbehalten
ISBN 978-3-551-72817-3

Das Irrationale und Unmoralische von Autorität aufzuzeigen, sie in all ihren Formen zu bekämpfen...

Den Menschen zu ermöglichen, sich zunächst von sich selbst und dann von anderen zu befreien, eine harmonische Gesellschaft bewusster Menschen zu gründen, den Auftakt einer Welt der Freiheit und der Liebe.

Dies ist unser Werk: die Eroberung einer besseren Zukunft anzugehen.

Am 14. Juni 1903, von der Hilfe einiger Genossen bestärkt, denen ich mein Projekt präsentiert hatte, stieg ich an der Station aus, unweit derer die Wälder der Ardennen beginnen.

Von den tausend Francs, die ich besaß, hatte ein Freund unter seinem Namen für an die achthundert Francs Land gekauft.

H... ha?

Ha... ha! Ha! Ha!

Ich fing bei null an.

Der Boden, eine Mischung aus Schiefer und Backsteinerde, war schwer und stellenweise mit Wasser gesättigt...

In der Gegend hieß es, dass er nichts hergeben würde.

Ich indes wollte erschaffen, ich trug die Kraft in mir, die aus der Gewissheit erwächst, für eine gerechte Sache zu arbeiten.

Ich begann mit dem Ausheben von Rinnen, um das Quellwasser zu kanalisieren...

Bis zum Abend grub, wendete und ebnete ich.

Deibel auch…

Auf der Höhe der Lichtung begann ich mit dem Bau einer Schutzhütte.

Ich hob eine Grube aus und dämmte sie mit Farn, Gras und Laub.

Mit den im Wald aufgesammelten Ästen baute ich ein Gerüst, das ich mit Stroh und Erde abdeckte.

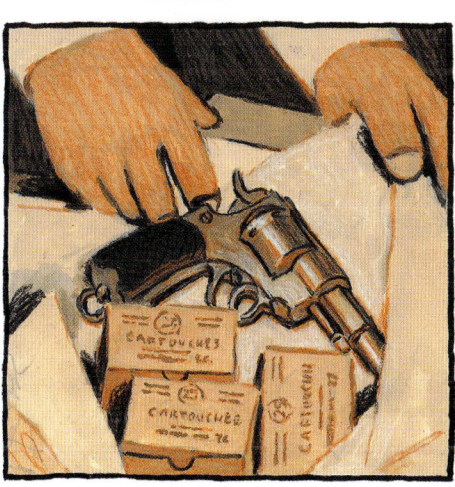

November 1903.

Anarchistische Genossen, Gewerkschafter und Naturisten aus den Nachbargemeinden schlossen sich dem Bau unseres Werkes an.

Von den »Benachteiligten« aus Nouzon kamen Gualbert und die Malicet-Brüder, um ein paar Tage mitanzupacken...

Francho, der piemontesische Schreiner, hatte seine Heimat und seinen Chef verlassen, um den Winter in der Kolonie zu verbringen.

Auf einer sorgfältig geebneten Plattform machten wir uns an den Bau eines großen Wohnhauses.

Der Dachstuhl bestand aus Stämmen, die wir im Wald ausgesucht hatten.

Für die Mauern fertigten wir ein Flechtwerk aus Ästen an, das anschließend mit einer Mischung aus Stroh und Lehm bedeckt wurde.

Auch der erste Frost konnte unserer Entschlossenheit nichts anhaben.

Wir hatten uns Mäntel aus Ziegenfell genäht, die uns ein Aussehen von Urzeitmenschen verliehen...

Nur der in der Jahreszeit eisige Regen zwang uns zu einem lästigen Müßiggang.

So beschäftigten wir uns stundenlang mit allen Details unseres Projekts und suchten nach Lösungen für unzählige Probleme...

Das Geld, das bis zur ersten Ernte reichen sollte, ging bereits zur Neige.

In einem kleinen Topf deponierte er ein Pulvergemisch, Patronen und eine Stange Dynamit mit einem Zünder aus Knallquecksilber...

An einem Februarabend stopfte er die Bombe in die Tasche seines Überziehers, versteckte seinen Revolver und einen Dolch, dessen Klinge er vergiftet hatte...

Er lief die großen Boulevards hoch, ging ins Café Terminus in der Rue Saint-Lazare, setzte sich an einen Tisch, bestellte ein Bock und eine Zigarre...

Eine Menge hatte sich um ein Orchester versammelt. Er zündete die Lunte, stand auf und warf den Sprengkörper beim Rausgehen in den hinteren Teil des Saals...

Die zu hoch geschleuderte Bombe traf einen Lüster und spuckte dicken Rauch, bevor sie explodierte, das Parkett zerstörte, die Fensterscheiben zerbrach, tötete und verletzte...

Émile wurde wenige Minuten später festgenommen. Sein Prozess fand in einem extrem feindseligen Klima statt.

Man hat mir gesagt, dieses Leben sei einfach und offen für die Klugen und Tatkräftigen. Die Erfahrung zeigte mir, dass nur die Zyniker und Kriecher einen guten Platz am Büfett ergattern...

Ich habe diesen Kampf mit erbittertem Hass geführt, täglich angefacht vom empörenden Spektakel dieser Gesellschaft des Niederen und Hässlichen, wo alles die edelmütigen Veranlagungen des Herzens und die **freie** Entfaltung des Denkens behindert...

Wir Anarchisten werden immer vorwärtsschreiten, bis die Revolution, das Ziel unserer Mühen, aus eurer abscheulichen Gesellschaft eine freie Welt macht!

Am 21. Mai 1894 wurde mein verurteilter Bruder Émile guillotiniert.

Der Regen wurde weniger, der Bau an dem großen Wohnhaus ging voran.

Wir deckten den Dachstuhl mit einer Art wildem Schilfrohr ab, das in der Gegend zuhauf vorkam.

Wir kommen...

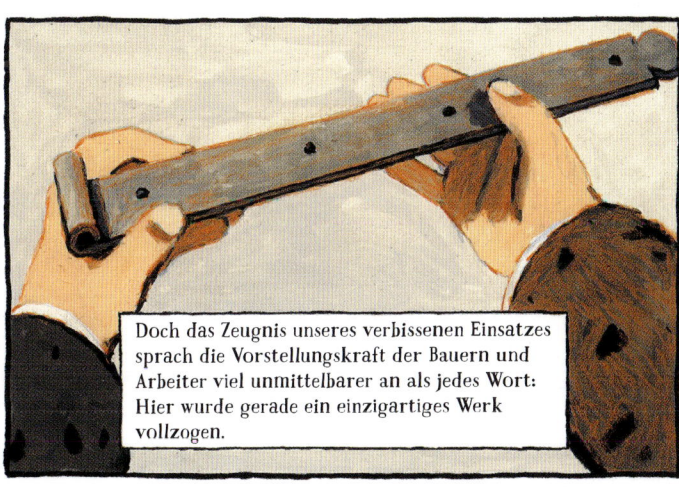

Der Nordwind konnte tagelang blasen und ließ Eichen und Birken ächzen...

In manchen Momenten waren die Böen so heftig, dass sie in ihren Wirbeln ganze Teile der alten Hütte mit sich rissen.

KLOPF! KLOPF! KLOPF! KLOPF!

Das ist Holz aus dem Tal...

Wenn man anfängt, es zu bearbeiten, verzieht es sich und dreht sich ein wie ein Korkenzieher...

Die Feuchtigkeit...

Hier, verstehen Sie...

Manche Bäume mögen vielleicht keine Zwänge...?

Wer weiß schon, was in einem Stück Holz vor sich geht...

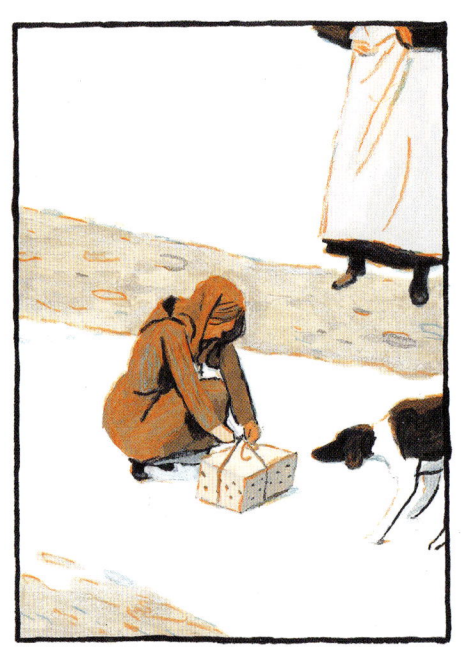

März 1904.

Im Dorf haben alle nach uns gefragt...

Und dann habe ich diese Kiste... Willst du uns helfen, Andrée?

Oooooh...

Küken... Lauter kleine Küken...!

Zeigen wir ihnen ihr neues Zuhause...

Die Kälte war weniger beißend. Neue Siedler gesellten sich zu uns.

Prosper aus dem Aveyron, einst Schienenleger für die Straßenbahngesellschaft von Paris, hatte die Liebe zur Freiheit hergeführt...

Seine Frau Rosalie, ihre Kinder Etienne und Georges...

André, jenen, den man in der Heimat den »Roten Riesen« nannte...

Stark wie ein Athlet und sanft wie ein Mädchen, hatte der begabte Musiker sein Studium der Agrarwirtschaft aufgegeben, um als Tagelöhner auf Bauernhöfen zu arbeiten...

Wir nannten ihn auch den »Ingenieur«. Vor allem wurde er ein geschätzter Genosse, hilfsbereit und loyal...

Er ließ sich in einer winzigen Ecke nieder, wo er auf zwei Brettern ohne Matratze oder Decke schlief.

Ich fühle mich wohl hier...

Die Kleine war noch nie so glücklich...

Schau, wie sie spielen!

Hast du immer allein gelebt, Fortuné...?

Man ist nur allein, wenn man zweifelt...

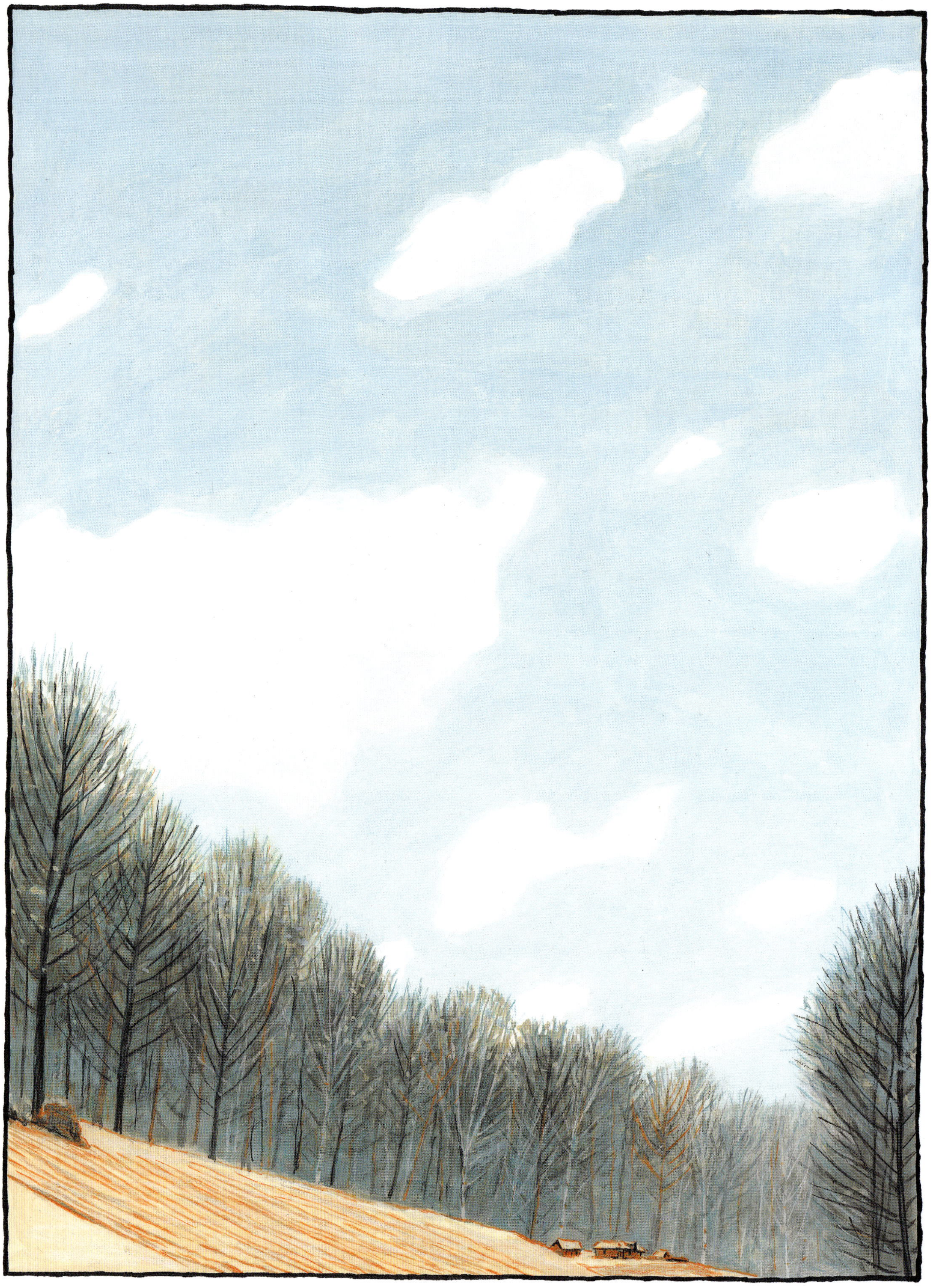

Die Tage folgten aufeinander und die Freude, zu sehen, wie das Werk allmählich Form annahm, war groß.

Das Leben war hart und rüde. Vor allem fehlte das nötige Geld für Brot, Werkzeug und den Arzt...

Aber unser Glaube an die Wahrheit der Ideen, die wir dartun wollten, unser gemeinsamer Wille, es zu schaffen, schienen unerschütterlich.

Wir gruben die Erde um, harkten, entfernten Kiesel, ebneten ein und säten.

Eines Morgens ertönte der erste Hahnenschrei.

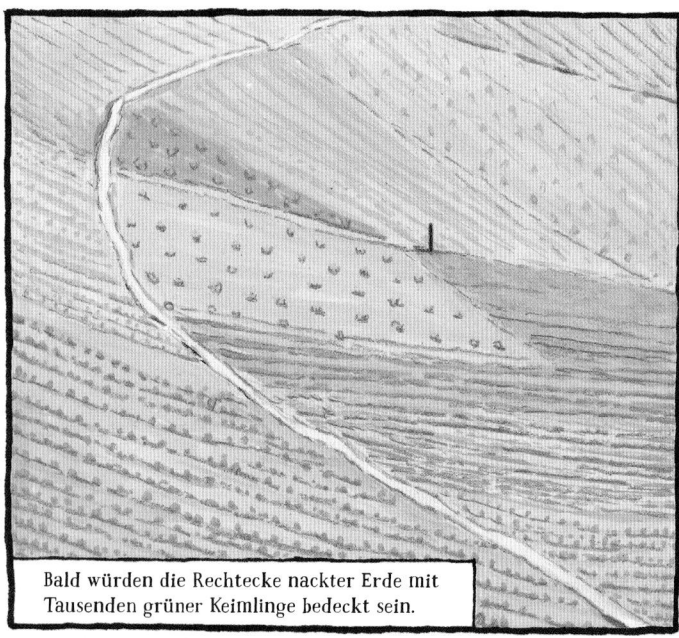

Die Kolonie wurde um eine Ziege, Enten und Kaninchen ergänzt...

Wir begannen mit dem Anlegen eines Teichs. Wir richteten das Wohnhaus ein. Wir bauten eine neue Werkstatt und Gewächskästen, um die Saat voranzutreiben.

Bald würden die Rechtecke nackter Erde mit Tausenden grüner Keimlinge bedeckt sein.

Sie wollen auch leben…

Überall der gleiche Wunsch… Man meint, ein Raunen zu hören, einen Herzschlag…

Solange... ein... einziger...

...Unglücklicher bleibt.

Nehmen wir auch das letzte Schild, es kann am Platz trocknen...

DAS GRÖSSTMÖGLICHE WOHL ZUM PREIS DES GERINGSTMÖGLICHEN LEIDS

NIEMAND KANN GLÜCKLICH SEIN, SOLANGE EINER UNGLÜCKLICH BLEIBT

WEDER GOTT NOCH HERR

ESSAI
KOMMUNISTISCHE KOLONIE VON AIGLEMONT

An einem Frühlingssonntag wagten sich erste Besucher her.

Ob Sympathisanten unserer Sache oder einfach Neugierige aus den umliegenden Dörfern, alles schien sie zu interessieren...

Jedes Detail unserer Einrichtung wurde genauestens studiert und mit Verblüffung kommentiert...

Unter die Menge von Bauern, Beamten, Arbeitern, Tagelöhnern, die allein oder mit Familie kamen, mischten sich bisweilen andere, unerwartete Besucher...

So etwa ein Zug von Reservisten mit ihrem Korporal (diejenigen, die Uniform trugen, wurden gebeten, außerhalb der Kolonie zu bleiben).

Ein andermal kam eine Gruppe von Schülern aus dem Priesterseminar von Reims...

Die Kinder bekamen ein Glas Milch, während wir mit den anderen Kaffee tranken, debattierten, sie *aufklärten*...

Kommunismus ist nichts Neues: Er war das Ideal der ersten christlichen Orden.

Später haben Citeaux und Clairvaux nicht anders begonnen: in einem abgelegenen Tal unweit von Wasser und Wald…

Das ist wie bei Robinson Crusoe!

Ein fourieristisches*¹ Phalansterium…

Ein Familistère?*²

Die Abtei Thelema!*³

Ein Garten Eden…

Eine Klause…

Eine Utopie nach Saint-Simon!*⁴

Die Arche Noah!

Ikarien!

Im siebzehnten Jahrhundert, im Dschungel von Paraguay, gründeten Jesuiten die »Reduktionen«, Gemeinschaften, die auf bemerkenswerte Weise funktio…

Erzählen Sie uns lieber, wie es Sie hierher verschlagen hat…

Was ist die Wirkung der besten Reden? Sie lindern das menschliche Leid, aber beseitigen es nicht.

Ich bin überzeugt, dass am Ende der Idee die Tat steht, dass das Beispiel eine Propaganda der Tat ist. Wir Anarchisten haben beschlossen, vom Wort zum Handeln überzugehen.

Seht all die Schaulustigen. Denkt an alle Gleichgültigen, Unentschlossenen, Zaghaften, ja an unsere heftigsten Gegner von gestern…

Mäher haben uns die Sensen entrissen, um Heu zu schneiden, Fahrer haben kostenlos unser Material transportiert, Hilfsarbeiter haben geholfen, diese Mauern zu errichten…

All das, um an einem Werk teilzuhaben, das sie für möglich halten, das sie verstehen und dessen Erfolg sie wollen.

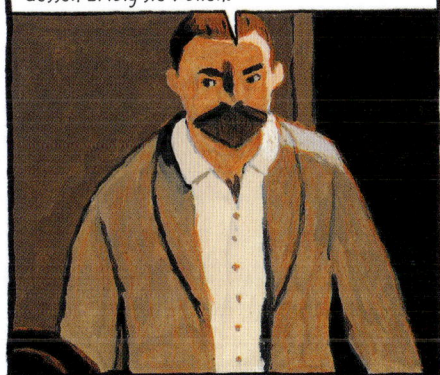

Nichts ist so beneidenswert wie Glück und so ansteckend wie das Vorbild.

¹ nach Charles Fourier, franz. Gesellschaftstheoretiker und Vertreter des Frühsozialismus ² von einem franz. Fabrikanten Mitte des 19. Jahrhunderts errichteter Gebäudekomplex für Arbeiter, gilt als der erste soziale Wohnungsbau überhaupt ³ von einem britischen Okkultisten gegründete magisch-religiöse Gemeinschaft in Sizilien ⁴ Henri de Saint-Simon, franz. philosophischer Autor

Aber…

Würden all diese Bekehrten nach Ihren Theorien leben, zöge das ein Wachstum bis zur Erschöpfung nach sich…

Mit anderen Worten: Wenn wir Ihren Überlegungen folgen, werden die Anhänger Ihrer Ideale irgendwann so zahlreich sein, dass man sich mit der Existenz einer höchsten Autorität abfinden muss…?

Stellen Sie sich einen Wal, eine Eiche, einen Elefanten vor… Das sind riesige Kreaturen, nicht wahr?

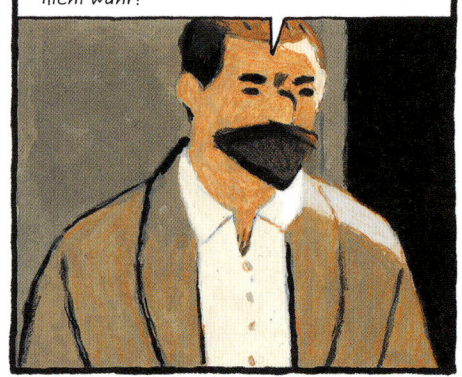

Doch am Ursprung ihrer Existenz ist der Körper dieser Riesen nur ein winziges Teilchen, mit bloßem Auge nicht zu sehen: **eine Eizelle.**

Bald wird aus ihr eine große Anzahl zunächst identischer Zellen erwachsen, von schlichter Gestalt und Zusammensetzung…

…Dann fangen sie an, sich in ihrem Aussehen und in ihren Eigenschaften zu differenzieren.

Ähnlich wie Waben eines Bienenstocks hat jedes Element seine eigene Funktion: Verdauung, Austausch von Material, Atmung…

Alles Lebendige beruht darauf: Die Zelle ist die universelle organische Einheit.

Kurz gesagt: Die Königin wird rausgeworfen und dann wird wieder Honig produziert…!

Unsere Absicht ist, dass aus dem Erfolg unseres Initialprojekts andere Siedlungen von glücklichen Menschen erwachsen.

Juni 1904.

Seit einem Jahr hatten wir nicht einen arbeitsfreien Tag verbracht.

Bald, wenn die Schulden zurückgezahlt sind, werden wir von der Produktion dieser Erde leben können.

Eine erste Spendenaktion im letzten Winter bei unseren freien Genossen hatte nur wenige Francs eingebracht...

Dank einer neuen Anleihe konnten wir ein kleines Pferd vor dem Schlachthof retten.

Wir standen früh auf. Der Tag begann mit dem Versorgen der Tiere.

Dann ging jeder seiner Arbeit nach, deren Vielfalt ein Ersatz für Pausen bot.

Wir gruben weiter an dem Teich, bauten, richteten ein, reparierten.

Die Mahlzeiten nahmen wir gemeinsam ein, es gab kaum Alkohol oder Fleisch.

Die ersten Ernten bereicherten unsere einfache Ernährung aus Linsen und Erbsen.

Das Gemüse, die Kräuter, das Geflügel, die Kaninchen wurden auf dem Markt verkauft.

In Nouzon am Montag, in Charleville am Freitag.

Der Sommer 1904 war außergewöhnlich heiß und trocken und vernichtete die Gärten der Gegend.

Nur die Lichtung entging der Katastrophe auf Grund ihres feuchten Bodens.

Kohl war so selten geworden, dass er zu Wucherpreisen verkauft wurde. In unserer Kolonie gab es Kohl im Überfluss.

Die Leute kamen und gingen vollbepackt mit Möhren, Salat und Petersilie heim...

Seht mal, wer da kommt...!

Für unsere Brüder, die wackeren Siedler von Aiglemont...

Im Namen der Genossen Arbeiter, Gewerkschafter, Gießer von Nouzon, Former von Revin, Metaller von Mohon, Spinner, Schieferdecker, Glaser und aller, die euer Beispiel inspiriert...

Der Hauptgeber dieses Geschenks war anscheinend ein fortschrittlicher Abgeordneter, der bestrebt war, uns Erfolg...

... und Gleichmut zu geben.

Die Gemeinschaft beherbergte Gäste, ob Freunde oder Unbekannte, für einige Tage oder mehrere Wochen.

Von mondänen Zeitungen entsendete Journalisten, Akademiker, Künstler, Schriftsteller, die vom Klima eines *freien Umfelds* kosten wollten.

Wir trafen Matha, den Gründer des *Libertaire*, Viktor Kibaltschitsch, den künftigen Victor Serge, Steinlein, den Zeichner von Montmartre.

Auch Anatole France soll nach Aiglemont gereist sein. Sicher ist, dass er unser Werk unterstützte.

Maurice Donnay und Lucien Descaves, Dramaturgen, machten ihre *Lichtung* zu einem Schauspiel, das auf Grund der Erkenntnisse aus Essai großen Anklang fand.

Wir wurden die Schauspieler unserer eigenen Figuren und stellten zur Freude unserer Gäste gelegentlich die Gründung der Kolonie dar, die für die Zeit des Posierens zum Mythos erhoben wurde.

Ein andermal gaben wir ein Stück namens »Der Herbst«, das wir am Fuße der Bäume vorführten.

Die Nähe unserer Genossen zu spüren, der leidenschaftliche Gedankenaustausch, die wohlwollende Gegenwart von Freunden waren uns überaus wichtig.

An solchen Abenden mutete die Kolonie festlich an.

Spät in der Nacht zerstreuten sich die Freunde. Dann pferchten wir uns auf dem Heuboden, in der Küche und den Ställen zusammen...

Jules...

Kannst du auch nicht schlafen...?

»Jules«, das war mein Freund Lermina. Als produktiver Autor und engagierter Journalist an der Seite der Sozialisten bezahlte er für seine mutige Meinung bisweilen mit dem Gefängnis.

Tabak, Kaffee und Streichhölzer kommen aus Belgien... Verdammte Zollbeamte!

Gibt es auf der Welt etwas Idiotischeres als eine Grenze...?

Meine einzige Hose hatte ein Loch, so groß! Wandernd verstreute ich, Traumdäumling der alten Mären,

die Reime. Meine Herberge war »Zum Großen Bären«.

Meine Sterne raschelten weich im Himmelsschoß.

Der Autor dieser Verse kam wenige Kilometer von hier zur Welt... ein gewisser Rimbaud.

Aus diesen Tälern des Elends und diesen von Gespenstern bevölkerten Wäldern scheint ein Wind der Revolte zu wehen...

Eine Art grundlegender Wille, der unweigerlich auf dieses einzige Ziel zusteuert.

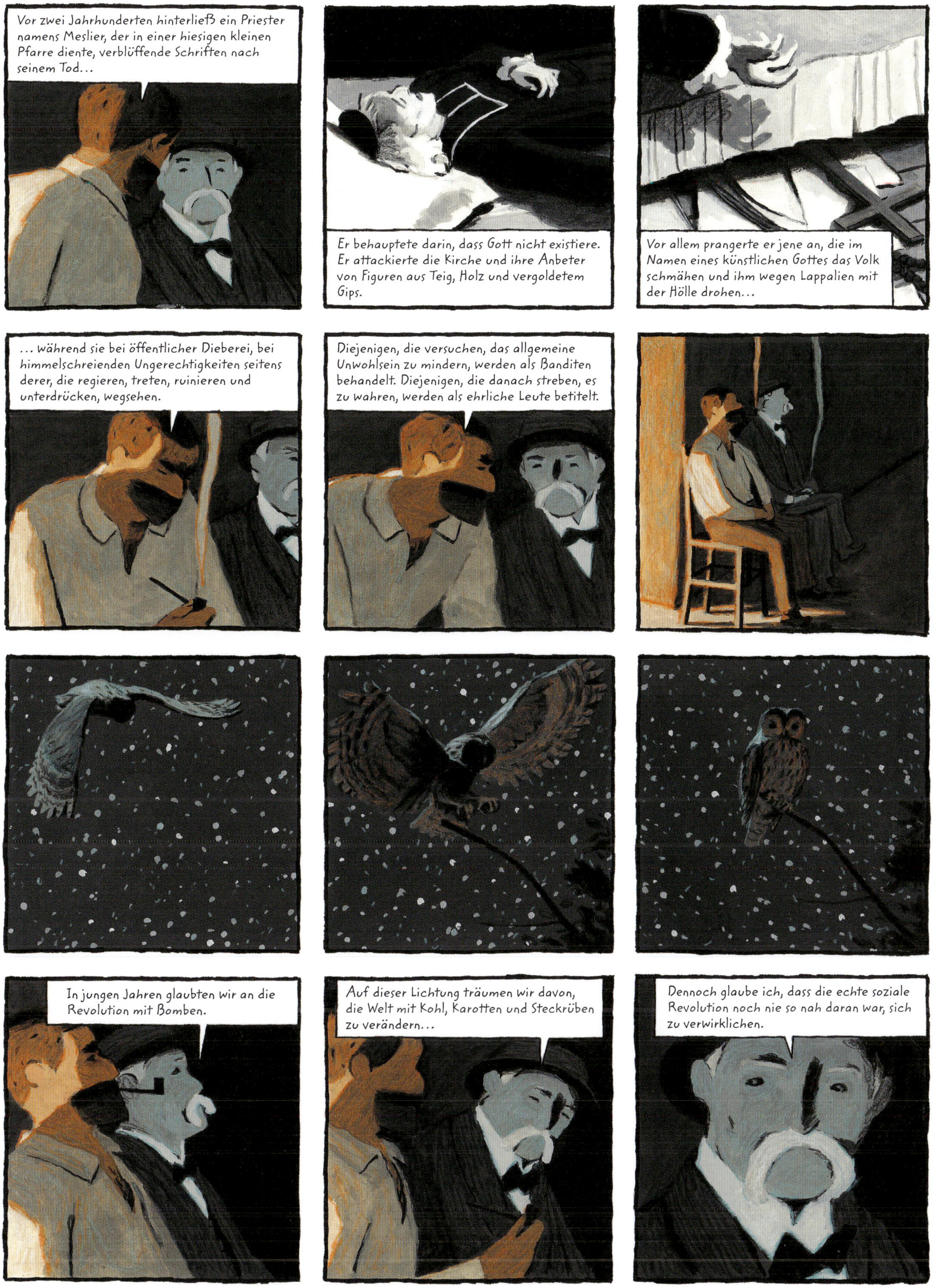

Vor zwei Jahrhunderten hinterließ ein Priester namens Meslier, der in einer hiesigen kleinen Pfarre diente, verblüffende Schriften nach seinem Tod…	Er behauptete darin, dass Gott nicht existiere. Er attackierte die Kirche und ihre Anbeter von Figuren aus Teig, Holz und vergoldetem Gips.	Vor allem prangerte er jene an, die im Namen eines künstlichen Gottes das Volk schmähen und ihm wegen Lappalien mit der Hölle drohen…
…während sie bei öffentlicher Dieberei, bei himmelschreienden Ungerechtigkeiten seitens derer, die regieren, treten, ruinieren und unterdrücken, wegsehen.	Diejenigen, die versuchen, das allgemeine Unwohlsein zu mindern, werden als Banditen behandelt. Diejenigen, die danach streben, es zu wahren, werden als ehrliche Leute betitelt.	
In jungen Jahren glaubten wir an die Revolution mit Bomben.	Auf dieser Lichtung träumen wir davon, die Welt mit Kohl, Karotten und Steckrüben zu verändern…	Dennoch glaube ich, dass die echte soziale Revolution noch nie so nah daran war, sich zu verwirklichen.

Die Revolution…	Jede Quelle, die in diesem Tal entspringt, hat ihren eigenen Geschmack…	Eine zum Beispiel, die wir als Aperitif trinken, ist besonders weich.
	Was wusste ich von alldem, bevor ich hier lebte?	Anders gesagt, wie kann man an die Harmonie der Lebewesen und Dinge glauben, wenn man ihnen nie begegnet ist…?
Jede Sekunde den Wald, den See, den Bach, die Tiere vor Augen haben…	Den Himmel…	Manchmal habe ich den Eindruck, ein totales Wohlbefinden zu verspüren, unaussprechliche Gefühle, die mein innerstes Wesen durchdringen.
Der tiefe Frieden, der von allem ausgeht, beeinflusst den Geist…	Ich habe noch nie so sehr geliebt. Mein Hunger nach Revolte war noch nie so rege.	

Der Herbst 1904 brachte Nebel und Gewitter mit sich.

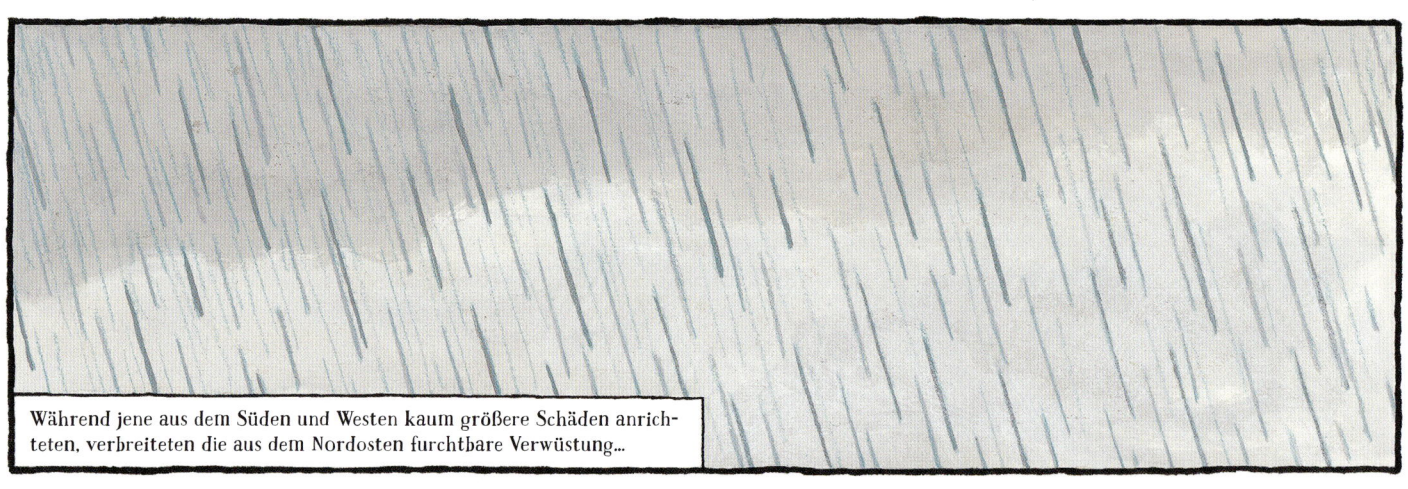

Während jene aus dem Süden und Westen kaum größere Schäden anrichteten, verbreiteten die aus dem Nordosten furchtbare Verwüstung...

Die Leute hier sahen darin die Auswirkung eines Luftstroms, der die Maas entlangwehte und die auf ihn zukommenden Gewittermassen zweiteilte.

Es konnte tagelang ohne Unterlass regnen.

Gleich einem Geschwür drang das Wasser langsam in jede Ritze des Dachstuhls und sickerte durch den Boden...

Die dünnen Mauern schützten nur mäßig, wenn der Nordwind heftig blies.

Selbst der Zug des Ofens sperrte sich je nach Windrichtung und verbreitete beißenden Rauch, der in den Augen brannte...

Dennoch trafen neue Siedler ein, begeistert von den Artikeln, die unser hiesiges Leben rühmten.

Ende des Jahres teilten sich vierzehn Leute das Haus aus gestampfter Erde, die Genossen auf Besuch nicht mitgezählt. Eine Witwe ließ ihre Möbel und einige Gemälde kommen: Die Anarchie forderte ein besseres Leben, sei es auch im Stile Henri II. ...

Nach dem Abendessen wurde über die Arbeit am nächsten Tag, den Kurs der Kolonie entschieden: Es wurde »Familienrat« gehalten.

André schlug vor, einen Teil unserer Einkünfte für Getreideanbau zu investieren. Gegen den Grundzins könnten wir auf den brachliegenden Nachbarfeldern Weizen und Stroh produzieren.

Im selben Herbst beschlossen wir auf Grund des Platzmangels den Bau eines größeren und bequemeren Wohnhauses.

Es gab keinen festen Ruhetag. War die gemeinsame Arbeit beendet, tat jeder, was ihm gefiel. Manchmal gar nichts, der Freude frönend, nahe bei den anderen zu sein, das Glück, zu existieren.

| | | Wenn die Zeit da ist... |

| ... für die Anarchie... | ... werden die Menschen froh und heiter sein... | |

| Sie scheint noch fern, die Zeit der Anarchie. | Aber so fern sie auch ist, wir spüren sie. | Ein tiefer Glaube... |

| ... lässt uns diese glückliche Welt erahnen. | Sie scheint noch fern... | ... die Zeit der — Genug...! |

		Adrienne, hör auf, mit diesem Clown herumzuturteln…
	Ich habe genug von eurem Theater, ihr beiden…	

| Und du, Genosse, pass auf, was du tust, sonst wirst du von der Kolonie ausgeschlossen… | Das Vorbild, das wir geben müssen, ist zu wichtig, als dass wir Irrgänger akzeptieren könnten. | Wer bist du, »oberster Siedler«, um dein Gesetz zu diktieren? |

| Niemand darf eine Frau, selbst seine Gefährtin, als seinen Besitz ansehen… | Ich verbiete dir… | Seltsamer Kommunismus – du hast diese Kolonie zu deiner Sache gemacht und blockierst mit deiner Autorität jede unserer Taten so sicher wie Gefängnismauern einen Sträfling… |

| Ich verbiete dir, von Autorität zu sprechen! | Ich führe euch zur Entfaltung einer jeden Frau und eines jeden Mannes… | Verzeih mir, Genosse. |

Fortuné...

Ich hatte vor, dir an diesem Abend zu verkünden...

...dass ich ein Kind erwarte... Dein Kind.

Der Bau unseres neuen Hauses, der wenige Wochen dauern sollte, beschäftigte uns den gesamten Winter über.

Ein Zimmermannsgenosse hatte uns zu einem sparsamen und neuartigen Verfahren geraten.

Ein Tragrahmen aus Holzbohlen wurde mit Platten aus Eisenbeton bedeckt und durch mit Kremserweiß bestrichenes Gewebeband verfugt. Ein Luftpolster würde die Isolierung gewährleisten.

Stolz stand es da, unser neues Phalansterium! Seine zehn Zimmer, dessen größtes für die Kinder vorgesehen war, wurden in hellen Farben gestrichen. An den darunter liegenden Speiseraum mit Blick auf den Wald grenzte eine Veranda.

		Irgendwas stimmt nicht mit dir.
Seit einiger Zeit bist du nicht mehr derselbe, Fortuné…	Du läufst auf und ab wie ein Raubtier im Käfig. Jeden Tag scheinen dir die Kolonie und wir gleichgültiger zu werden…	Dein Blick ist manchmal so hart, dass er mir Angst macht!
	Als ich mich hier niederließ, bekreuzigten sich die Einheimischen in meiner Gegenwart, so sehr fürchteten sie sich…	Wie vor dem Teufel! Ich verkörperte, was man von jeher fürchtet und ablehnt: die Abnormität, den Ungehorsam, die Gefahr…
Es gab eine Zeit, in der die Regierung ernsthaft vorhatte, die Anarchisten auf eine einsame Insel im Indischen Ozean zu deportieren, so sehr schienen wir die bestehende Ordnung zu bedrohen.	Genau in diesem Moment streiken Arbeiter und vergießen ihr Blut im Namen der Freiheit…	Und wir? Es ist, als wären wir selbst auf dieser einsamen Insel gestrandet.

Im Mai brachte Adrienne einen Jungen zur Welt.

Gemäß unserer Ideale wurde beschlossen, dass Marcel das Kind der ganzen Kolonie sein sollte...

So vermerkte seine Geburtsurkunde schlichtweg: »Eltern nicht näher bekannt«.

Der Sommer 1905 war kalt und regnerisch.

Mit dem Fortschreiten der Saison vernichteten die Gewitter und der Hagel einen Teil der Ernte.

Nur ein Acker, den wir mit Schlacke drainiert hatten, erbrachte uns eine Kohlernte, die, nach den Ratschlägen eines Chemikerfreundes behandelt, uns mehrere Monate ernährte.

Im September verließen Prosper und seine Familie zermürbt die Kolonie, wenig später von einer zweiten Familie gefolgt.

Unsere harmonische Gesellschaft konnte sich nicht mit schwachen oder störenden Elementen belasten: **Das Gesetz der Selektion wurde vollzogen.**

Für Danton war Erziehung das wichtigste Bedürfnis des Volkes gleich nach dem Brot.

Was du deinen Kindern bei schönem Wetter unter diesen Bäumen beibringst, werden wir irgendwann in einer Schule lehren, André...

Wir werden Bibliotheken gründen, die allen den Weg zur Emanzipation durch Wissen eröffnen werden.

Unsere Ideen werden sich am Ende durch Bücher, die wir schreiben werden, durch Zeitungen in das Bewusstsein einprägen...

Selbst wenn wir die Mittel hätten, wer würde das Risiko eingehen, unsere Schriften zu veröffentlichen?

Wir verlegen sie selbst, mit einer Druckerei, die bald hier stehen wird!

April 1906.

"Ei der Daus, is doas schwer..."

"Ham Sie doa Bloi roingepackt, oda wasch?"

"Sie wissen nicht, wie Recht Sie haben..."

"Mit dem Inhalt dieser Kisten kann man die Chefs und Tyrannen in die Luft jagen, Postbote..."

"Hahahahaha!"

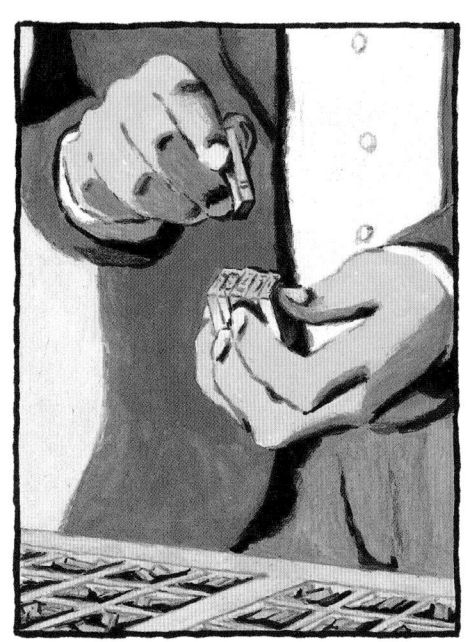

Das Blei waren Drucklettern, die man uns zugeschickt hatte.

Seht mal...

Und das ist noch nicht alles!

Ooooh...

Es war wie ein Traum, der wahr wurde... André und ich machten uns abends mit der Druckerpresse vertraut, einer alten Alauzet, die wir mangels Motor mit der Kraft unserer Arme antrieben.

Zur selben Zeit wurde das Land von heftigen Streiks erschüttert. Von Courrières bis Longwy, von den Metallern aus Hennebont bis zu den Winzern des Midi, das ganze wütende Volk wollte dem brutalen Despotismus des Patronats ein Ende setzen.

Trotz der riesigen Probleme, die ihr Betrieb verursachte, und unter der ständigen Drohung der Zensur sollte unsere kleine Druckerei eine engagierte Waffe im Dienste der Arbeiterklasse und der Unterdrückten werden.

Zunächst verkauften wir neben den Postkarten der Kolonie für zwei Sous Broschüren an unsere Sonntagsbesucher...

Dann kamen die ersten Nummern einer Wochenzeitung, in deren Redaktion wir all unsere Leidenschaft legten: Le Cubilot.

Gleich einem Flächenbrand breiteten sich die Aufstände im Département aus. In Nouzon wurden Werkstätten angezündet. In Revin blockierten Metaller fünf Monate lang den Zugang zur Fabrik...

Zur Unterstützung der Streikenden verteilten wir Lebensmittel an die Familien und evakuierten Dutzende von Kindern...

Im Juni, auf dem Zenit der Streiks, zerstörte eine Dynamitstange das Haus eines Industriellen. Die mutmaßlichen Täter wurden zur Zwangsarbeit verurteilt.

Von Taffet, dem wackeren Streikler, bis zum dichtenden Holzfäller Adolphe Balle fanden alle, ob Gewerkschafter, Anarchist oder Kommunist, Asyl im Essai.

Von überall her strömten Angebote von Artikeln. Die tags wie nachts gedruckten Exemplare des Cubilot verkauften sich, selbst unter der Hand, in wenigen Minuten...

Genossen verteilten an die in Charleville eingetroffene Truppe pazifistische Handzettel, während wir vor gefüllten Sälen Mahnreden zum Aufstand hielten.

September 1907.

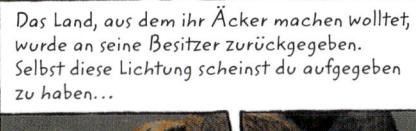

Die Siedler beschweren sich über deine Abwesenheit, Fortuné.

Wenn du aus Paris oder von anderswo zurückkommst, dann, um dich mit dieser verdammten Druckerpresse einzuschließen...

Das Land, aus dem ihr Äcker machen wolltet, wurde an seine Besitzer zurückgegeben. Selbst diese Lichtung scheinst du aufgegeben zu haben...

Immer forderst du etwas mehr, als würde dich nichts zufriedenstellen...

Das Glück ist hier und jetzt, vor unseren Augen... Nicht in der idealen Welt, die niemals kommen wird.

Was weißt du von sozialer Revolution, was weißt du von Anarchie?

Deine Revolution, dass ich nicht lache... Nicht mal deiner eigenen Familie kannst du Glück geben!

Bist du wohl endlich still...?

Ende November wurde die Zeitung infolge einer besonders hitzigen Artikelkampagne wegen Beleidigung des Heers und der Marine verklagt.

André konnte die Grenze passieren, während ich in Charleville vor Gericht gestellt wurde.

Als schuldig überführt kam ich im Januar in Haft.

Als Zeitvertreib, und um weiter gegen Ungerechtigkeit zu kämpfen, verfasste ich in meiner Zelle ein neues Manifest: *Streik und Sabotage*.

1909.

Adrienne und die Kinder waren wieder in Paris.

Essai wurde nur noch als ein Räubernest angesehen. Es hieß, dass dort Prostitution betrieben wurde, man sprach von offenen Rechnungen, Schlägereien, Einbrüchen...

Die letzten Siedler hatten die Gebäude zerlegt, um mit dem Materialverkauf ein paar Francs herauszuschlagen, wie eine Theaterkulisse, die man am Ende der letzten Vorstellung zusammenfaltet.

Wir würden einen Stall bauen, Gewächskästen für die Pflanzungen, einen Schuppen...

Die Kleine war noch nie so glücklich... Schau, wie sie spielen!

Ich fühle mich wohl hier.

ENDE

EXPERIMENTELLER KOMMUNISMUS – Kolonie Essai, Aiglemont (Ardennen).
Nr. 1 – Erste Schritte.

Essai basiert auf einer wahren Begebenheit: der Gründung einer anarchistischen Kolonie im Wald der Ardennen durch den Anarchisten Fortuné Henry und seiner Gefährten im Jahre 1903.

Die Faszination, die dieses Experiment auf mich ausgeübt hat, rührt vielleicht von seiner archetypischen, ja mythischen Dimension her. Moderne Menschen haben fernab der Zivilisation und mit rudimentären Mitteln versucht, ein neues Gesellschaftsmodell zu erschaffen.

Die Idee indes ist nicht neu und der Besucher, der in meiner Erzählung die Kolonie Essai mit den Regeln der ersten christlichen Orden vergleicht, hat nicht ganz Unrecht. In seinem ursprünglichen Sinne ist der Kommunismus eine Form der sozialen Organisation ohne Klassen, ohne Staat, ohne Währung, in der materielle Güter von allen geteilt werden.

In jüngerer Vergangenheit stellten der Aufschwung der industriellen Revolution im 19. Jahrhundert und seine katastrophalen menschlichen Folgen die dringliche Frage nach einem Modell der sozialen Organisation. Die Utopie verließ die Sphären der Fantasie, um eine glaubwürdige und konkrete Alternative zu werden. Cabet, Fourier, Considerant und Owen schlugen ein jeder Modelle von auf absoluter Gleichheit basierenden Siedlungsgemeinschaften vor, »soziale Paläste«, die völlig mit den städtebaulichen Richtlinien der Vergangenheit brachen.

Als Kind des 19. Jahrhunderts umfasst auch der Anarchismus mehrere Strömungen, denen der radikale Widerstand gegen jede Form von Autorität gemein ist. Von 1892 bis 1894 versetzte eine Welle von Attentaten, an der auch der jüngere Bruder von Fortuné, Émile Henry, teilnahm, Frankreich in Schrecken. Jeder Verdacht einer anarchistischen Aktivität wurde streng bestraft, namentlich durch die Anwendung der sogenannten »Lois scélérates«.

In wenigen Jahren nahm die anarchistische Bewegung eine neue Wendung, viele Aktivisten versuchten nunmehr, sich mit friedlichen Mitteln zu behaupten. Das Projekt brüderlicher,

EXPERIMENTELLER KOMMUNISMUS – Kolonie Essai, Aiglemont (Ardennen).
Nr. 2 – Die ersten Behausungen.

»harmonischer« Gemeinschaften, die ihre Ideen durch ihr Beispiel propagierten und nach den anarchistischen Prinzipien funktionierten, entsprach zu Beginn des 20. Jahrhunderts dem Zeitgeist. Im Gegensatz zur Außenwelt sprach man von »freien Welten«.

Von den sozialistischen Utopien des vergangenen Jahrhunderts übernahm man das Konzept kleiner autonomer Einheiten, die sich anschließend gleich Zellen oder Waben eines Bienenstocks vermehren sollten, um die Gesellschaft in ihrer Gesamtheit zu verändern. 1902 erlebte man sogar die Gründung einer »Gesellschaft für die Erschaffung und Entwicklung von freien Siedlungen in Frankreich«, die an die 250 Gesellschafter zählte…

»Ein einzigartiges Gefühl der Rebellion«

Als jedoch Fortuné Henry im Jahr darauf die Kolonie von Aiglemont gründete, wurde er von keinem Gründungskomitee oder Appell in der Presse unterstützt.

Es ist nicht einfach, Licht in den Dschungel der mehr oder weniger imaginären Ereignisse zu bringen, die seine Existenz umgeben. 1869 geboren und in einem Milieu von Aktivisten, halb Arbeiter, halb Künstler, aufgewachsen, war Jean-Charles Fortuné

EXPERIMENTELLER KOMMUNISMUS – Kolonie Essai, Aiglemont (Ardennen).
Nr. 5 – Gesamtansicht

84

Vor dem landwirtschaftlichen Gebäude, um 1904

Henry nacheinander Vertreter für einen Chocolatier und für eine Pariser Apotheke, Buchhalter, Züchter von Heilkräutern, Redakteur der Zeitungen *Parti ouvrier* und *Père Peinard*, Redner… Er wurde als charismatischer Mann beschrieben, von kleiner Gestalt, robust und lebendig, der klare und scharfe Worte liebte und schnell in verbale Gewalt abdriften konnte. Ein Verwandter erinnert sich an Émile und Fortuné Henry, die sich früh in den anarchistischen Netzwerken engagierten: »Diese beiden Männer verfügen über ein einzigartiges Gefühl der Rebellion.«

Man weiß, dass Fortuné Henry sich von 1890 an in den Ardennen aufgehalten hat, wo er höchstwahrscheinlich während des Prozesses seines Bruders in Haft saß.

1903 war die Region daher kein Neuland für ihn. Zu bekannt bei der Pariser Polizei, war Fortuné vielleicht die Idee gekommen, ins Grüne zu ziehen… Er wusste außerdem, dass er auf einen Teil der Bevölkerung des nahen Industriegebiets der Meuse zählen konnte, wo die anarchistischen Ideen bereits in Umlauf waren. Die Kolonie war nicht völlig abgeschieden, denn das Nachbardorf verfügte über einen Bahnhof und die Nähe des riesigen Waldes der Ardennen und der Grenze stellten einen unbestrittenen Vorteil dar.

Wenn auch in dieser Zeit andere Versuche freier Kommunen dank diverser Vermögen das Licht des Tages erblickten, hat doch das Essai einen besonderen Platz inne. Zunächst beweihräuchert, dann gebrandmarkt, wurde es zu einem wahren Anziehungspunkt und empfing jede Woche Dutzende von Besuchern. Die Journalisten, die in der Kolonie während ihrer Blütezeit verkehrten, haben allesamt den offenkundigen Zauber hervorgehoben, der von dem Ort ausging, die Intelligenz seiner Verwaltung. Trotz seiner relativ kurzen Existenz übte das Essai, das sich im wörtlichen Sinne als Ort des Experimentierens verstand, eine außerordentliche Strahlkraft aus.

Im März 1909 wurde das noch bleibende Mobiliar der Kolonie bei einer öffentlichen Auktion liquidiert. Nur die Möbel des Speisesaals und einige Teile eines Pferdegeschirrs fanden einen Käufer.

Nichts, wenn nicht ein oder zwei schemenhafte Erdaufschüttungen, unterscheidet heute die »Lichtung der Anarchisten« von den umliegenden Gehölzen. Das Essai ist zum Wald geworden.

Nicolas Debon, Februar 2015

Le Cubilot, »Internationale Zeitung für Bildung, Organisation und Arbeiterkampf«, dessen erste Nummer im Juni 1906 erschien.

Ein Auszug aus der erkennungsdienstlichen Akte von Fortuné Henry, um 1894.

GLOSSAR – DIALEKT

Watz – Eber
Bedsch – Schlamm
Bommelotten – Vagabunden
Bärlaarer – Taugenichts
Heck – Wald

ZITATE

Der Text der letzten Sprechblase auf Seite 29 basiert auf
einem Zitat von Friedensreich Hundertwasser (1928–2000).
Die Verse auf Seite 56 sind ein Auszug aus *Ma bohème*
(dt. *Mein Zigeunerleben*, 1870) von Arthur Rimbaud.
Auf Seite 63 singen die Siedler einen Auszug aus *Heureux Temps* (*Frohe Zeiten*)
von Paul Paillette (1844–1920) auf die Melodie von *Le Temps des cerises*.

LITERATURHINWEISE

Beaudet, Céline
Les Milieux libres: vivre en anarchiste à la Belle Époque en France.
Les Éditions Libertaires (2006)

Bigorgne, Didier
»La Colonie libertaire d'Aiglemont«: un milieu libre et de propagande«.
In *Terres ardennaises* Nr. 70 (Juni 2002)

Collighon, Stéphane
L'Essai d'Aiglemont 1903–1909: étude d'une colonie anarchiste.
Diplomarbeit, Universität zu Reims Champagne-Ardenne (1994–1995)

Dorigny, Marcel
Quatre villages à travers les siècles. Neuauflage des Textes von 1951, Alicia (2002)

Henry, Fortuné
Grève et sabotage. Periodische Veröffentlichungen der kommunistischen Kolonie von Aiglemont (1908)

Maitron, Jean
Histoire du mouvement anarchiste en France: 1880–1914.
Neuauflage des Textes von 1951, Gallimard (2011)

Mounier, André
En communisme: la colonie libertaire d'Aiglemont (1906)
Periodische Veröffentlichungen der kommunistischen Kolonie von Aiglemeont (1906)

Narrat, Georges
La Colonie libertaire d'Aiglemont. Neuauflage des Textes von 1908. La Question Sociale (2004)

Nataf, André
La Vie quotidienne des anarchistes en France: 1880–1910. Hachette (1986)

Nr. 8 – Anarchistische Kolonie von Aiglemont (Momentaufnahme)

Nicoals Debon wurde 1968 in Lorraine geboren. Nach einem Studium an der Akademie der Schönen Künste in Nancy siedelte er 1993 nach Kanada über. Für seine Kinderbuchillustrationen erhielt er 2007 den Horn Book Award. Seit 2004 veröffentlicht er auch Comics. *Essai* ist sein erster Band in Deutschland.